치유의 손길을 청하는 9일 기도

가시를 빼내시는 성모님

가톨릭출판사

Notre Dame qui ôte les épines
- Neuvaine pour être libéré de ce qui blesse et mortifie
by Frère Bernard-Marie
ⓒ First published in French by Mame, Paris, France - 2017

가시를 빼내시는 성모님

2020년 2월 3일 교회 인가
2020년 5월 5일 초판 1쇄 펴냄
2025년 2월 7일 초판 3쇄 펴냄

지은이 • 베르나르-마리
옮긴이 • 조연희
펴낸이 • 정순택
펴낸곳 • 가톨릭출판사
편집 겸 인쇄인 • 김대영
편집 • 강서윤, 김소정, 김지영, 박다솜
디자인 • 강해인, 이경숙, 정호진
마케팅 • 임찬양, 안효진, 황희진, 노가영

본사 • 서울특별시 중구 중림로 27
등록 • 1958. 1. 16. 제2-314호
전자우편 • edit@catholicbook.kr
전화 • 1544-1886(대표 번호)
지로번호 • 3000997

ISBN 978-89-321-1707-2 02230

값 10,000원

성경 · 전례문 ⓒ 한국천주교중앙협의회
'성 베르나르도의 기도', 《바오로가족 기도서》 ⓒ 성바오로

이 책의 한국어 출판권은 (재)천주교서울대교구 가톨릭출판사에 있습니다.
저작권법에 의해 보호를 받는 저작물이므로 무단 전재와
무단 복제를 금합니다.

**가톨릭의 모든 도서와 성물, 디지털 콘텐츠를
'가톨릭북플러스'에서 만날 수 있습니다.**
https://www.catholicbookplus.kr | (02)6365-1888(구입 문의)

치유의 손길을 청하는 9일 기도

가시를
빼내시는
성모님

베르나르-마리 지음 | 조연희 옮김

가톨릭출판사

일러두기

· 이 책에 실린 성모 호칭 기도는 한국천주교주교회의의 '성모 호칭 기도'를 사용하였으나, "저희 삶의 가시를 빼내시는 성모님"이라는 구절과 마침기도는 원문의 표현을 따랐습니다.

9일 기도를 시작하기에 앞서

이 9일 기도의 목적은 삶에서 우리를 나약하게 만들고 용기를 잃게 하는 다양한 상처에서 벗어나도록 하는 것입니다. 그리고 그 안에서 위안을 얻고, 치유될 수 있도록 성모님의 전구를 청합니다.

9일 기도란 9일 동안 연달아 기도를 바치는 영적인 수련입니다. 보통 전구를 청하고 싶은 성인 성녀와 특별히 관련된 전례 축일이 오기 9일 전에 이 기도를 시작합니다. 가까운 축일 중 원하는 날이 없다면 교회는 주님의 날인 주일이나, 전통적으로 동정 마리아께 봉헌된 날인 토요일을 마지막 날로 정하고 9일 기도를 바치길 권장합니다. 가시를 빼내시는 성모님께 바치는 9일 기도도 여기에 해당합니다.

일반적으로 9일 기도의 첫 번째 목적은 특별한 은총을 구하는 것이 아닙니다. 물론 특은을 얻는 것이 중요하고, 여러 시기에 특은을 구할 가치는 있습니다. 그러나 9일 기도라는 영적 수련의 주된 목적은 원하는 전례 축일을 최선을 다해 준비하는 것입니다. 이 기도가 지닌 겸허한 기도로서의 위상을 생각해 보면, 회심으로 나아가는 구체적인 과정이자 9일 동안 떠나는 영적인 순례입니다.

가시를 빼내시는 성모님과 함께하는 9일 기도

성모님께서는 교회와 우리의 어머니이십니다. 그분께서는 당신 아드님의 가시관을 벗기셨듯이 우리 마음속에 박힌 가시도 빼내 주십니다. 이 9일 기도는 성모님께 우리 마음속의 가시를 빼내어 영적 치유를 청하는 기도입니다.

육체에 박힌 가시는 약한 통증을 불러올 뿐이지만, 내면과 영성에 박힌 가시는 우리 삶에 더 큰 고통을 불러일으킵니다. 그러기에 자꾸만 죄를 저지르며 이 고통스러운 가시들 때문에 하느님의 자녀로서의 기쁨과 자유를 맛보지 못하게 됩니다.

성모님께 이 가시를 빼내 달라고 청하십시오. 그리고 성모님께 마음을 활짝 열고 우리 자신을 온전히 맡기십시오. 또한 이 9일 기도를 시작하기에 앞서 용기를 내고 성모님과 협력하겠다는 마음을 가져야 합니다. 그렇지 않으면 아무리 관대하신 성모님께서도 가장 위협이 되고 상처가 되는 것들에서 우리를 자유롭게 해 주시지 못할 것입니다. 만약 알코올 중독이라는 가시로 고통받고 있다면 성모님께 마음을 열고 이를 **빼내** 달라고 청하며, 아주 적은 양의 술이라도 손 닿을 곳에 두지 않아야 합니다. 이렇게 성모님께 협력하는 실천이 뒤따를 때 이 기도는 더욱 효과적인 기도가 될 것입니다.

"가시"(2코린 12,7)에서 벗어나는 것은 쉬운 일이 아닙니다. 이 가시는 작을지라도 몹시 치명적이어서 영과 육신을 괴롭힙니다. 그러나 성모님께 이 가시에서 벗어나게 해 달라고 청한다면, 거룩하신 아드님을 어루만졌던 그 손으로 우리의 상처를 보듬어 주실 것입니다.

이 책은 각 날마다 특정 '가시'를 제안할 것이며, 그에 맞는 분명한 문구를 성모님의 이름 앞에 붙일 것입니다. 이는 성모님께서 고통스러운 가시를 **빼**내기 위해 우리에게 주실 수 있는 은총을 의미합니다. 여기서 제안하는 가시는 증오의 가시, 불신의 가시, 절망의 가시, 교만의 가시, 거짓의 가시, 이기심의 가시, 유혹의 가시, 불화의 가시, 악의 가시입니다.

이 책에서 제안하는 가시들은 모든 인간사에 나타나는 인간관계와 영적인 측면을 고려했습니다. 그러니 나 자신의 개인적 문제나 공동체에서 겪는 어려움을 이 책에서 발견할 수 있을 것입니다.

나 자신에게 문제가 생겼을 때, 공동체를 위해 기도드릴 때, 큰 행사가 다가올 때, 가시를 **빼내시**는 성모님의 전구를 청하며 이 9일 기도를 바치십시오. 우리를 상처 입히는 가시들이 어느 틈에 **뽑혀져** 나와 모든 일을 주님 손에 맡기고 은총을 청할 수 있게 될 것입니다.

여기서 제안하는 가시들은 바오로 사도의 말처럼 "성령의 칼"(에페 6,17)을 쥔 성경에 모두 나오는 것들입니다. 이 기도서는 성경에 나오는 이러한 가시들을 언급하며 우리가 영성적인 삶을 올바르게 살 수 있도록 이끌어 줍니다. 그러니 이 가시들을 이 책에만 나오는 것으로 여겨 가볍게 다루어서는 안 될 것입니다.

기도 방법

역사적으로 성모님께서 십자가에 못박히신 예수님의 몸을 수습하신 날은 성금요일 저녁이나 성토요일로 봅니다. 이 날은 본래 '가시를 빼내시는 성모님'의 날이라고도 할 수 있습니다. 그러니 매년 이 날에 맞춰 그 전 주 금요일부터 이 기도를 시작하는 것을 권합니다.

성모님께서는 영성과 신앙의 모범이십니다. 이는 교회가 처음 시작할 때부터 그러했습니다. 성모님의 축일 중(대표적으로 8월 15일, 9월 8일, 9월 15일, 12월 8일) 가장 가까운 축일에 맞추어 9일 기도를 시작할 수도 있고, 아무 금요일에나 시작하여 토요일에 끝나도록 할 수도 있습니다. 전례 상 토요일은 성모님께 봉헌된 날이기 때문입니다.

이 9일 기도는 **'오늘의 지향'**으로 시작합니다. 이 '오늘의 지향'은 우리 마음속의 어둠을 가시로 묘사

합니다. 이 가시가 내게 미치는 영향은 무엇인지, 마음을 어지럽히고 혼란스럽게 하는 요소가 무엇일지 잘 생각하며 성모님께 이 가시를 빼내 주시길 청하는 시작 단계입니다.

'성경의 가르침'에서는 해당 일의 묵상과 연관되는 성경 말씀을 삽입하였습니다. 묵상에 들어가기에 앞서, 말씀을 읽으며 성모님과 일치될 수 있는 영적인 준비를 할 수 있습니다.

'묵상'에서는 9일 기도의 각 날짜마다 우리를 혼란케 하는 가시를 제안하여 묵상할 수 있도록 하였습니다. 그 가시를 빼내 주시길 성모님께 청하며 묵상 안에 오래 머무르십시오. 자애로우신 어머니께서 가시의 상처로 인한 아픔을 돌보아 주시고, 치유해 주실 것입니다.

'회심을 위한 실천 노력'에서는 우리가 삶 안에서 흔히 저지를 수 있는 잘못들을 깨닫고 회심할 수 있도록 구체적인 실천을 제시하였습니다. 이 부분은 기본적으로 성경과 성인들의 말씀에 근거합니다. 그 가르침을 통해 예수님의 성덕을 본받는 삶에 더 가까워질 수 있을 것입니다.

그 후, **'9일 기도 기도문'**을 바칩니다. 성모님께서 우리 마음속 가시를 빼내 주시기를 간구드리며, 당신 아드님께 우리의 이 고통을 평화로 바꾸어 주시길 청합시다.

다음으로는 **'성모 호칭 기도'**를 바칩니다. 이 기도를 바치며 성모님의 호칭 하나 하나에 우리의 청원을 담아 부를 수 있습니다.

이제 **묵주 기도** 5단을 바칩니다. 이 9일 기도 안에는 묵주 기도가 포함됩니다. 앞에서 했던 9일 기도의 묵상을 되새겨 보도록 합시다. 성모님께서는 당신이 걸으셨던 굳건한 믿음의 길로 우리를 초대하십니다. 묵주 기도를 바치며 예수님의 삶을 온전히 실천하며 본받을 수 있도록 해야 할 것입니다.

기도의 마지막은 **영광송**을 바칩니다. 영광송은

하느님께 영광을 돌리는 찬미 기도로, 언제나 마침이 없이 영원히 이어지기를 바라는 기도이기도 하므로 기도를 마칠 때 꼭 바치십시오.

이 책의 마지막에는 **'감사의 기도'**와 **'부록'**이 있습니다. 감사의 기도는 다니엘서 3장 57-82절(그리스어본)을 토대로 저자가 지은 것입니다. 부록에는 베르나르도 성인과 루도비코 마리아 그리뇽 성인이 지은 성모님께 바치는 기도를 실었습니다. 기도를 끝낸 후, 이 부분들을 활용하여 더욱 깊은 묵상으로 나아갈 수 있을 것입니다.

9일 기도를 바친 후 시련이 완전히 사라지지 않았다고 해도, 은총을 주시고 시련 안에서 인내심을 기르게 해 주신 하느님께 감사를 드려야 합니다. 9일 기도 중 하루는 고해성사를 보도록 하십시오. 그리고 9일 기도 마지막 날에는 9일 기도의 지향을 하느님께 봉헌하며 영성체를 모시길 바랍니다.

기도 순서

- 오늘의 지향
- 성경의 가르침
- 묵상 (각 날짜에 해당하는 묵상을 한다)
- 회심을 위한 실천 노력
- 9일 기도 기도문
- 성모 호칭 기도
- 묵주 기도 5단 (각 요일에 해당하는 신비를 바친다)
- 영광송

차례

9일 기도를 시작하기에 앞서 ... *05*

가시를 빼내시는 성모님과 함께하는 9일 기도 ... *07*

기도 방법 ... *11*

기도 순서 ... *15*

9일 기도

첫째 날: 증오의 가시 ... *20*

둘째 날: 불신의 가시 ... *34*

셋째 날: 절망의 가시 ... *48*

넷째 날: 교만의 가시 ... *60*

다섯째 날: 거짓의 가시 ... 74

여섯째 날: 이기심의 가시 ... 88

일곱째 날: 유혹의 가시 ... 102

여덟째 날: 불화의 가시 ... 116

아홉째 날: 악의 가시 ... 130

맺음말 ... 143

통상기도문 ... 145

묵주 기도 5단 드리는 법 ... 149

부록 ... 160

첫째 날

—

증오의 가시

오늘의 지향

오, 성모님, 아름다운 사랑의 어머니시여.
제 마음속에 있는 이웃과 제 자신을 향한 증오의 가시를 모두 빼낼 수 있도록 저희를 도와주소서! 아멘.

성경의 가르침

"나는 아름다운 사랑과 경외심의 어머니요 지식과 거룩한 희망의 어머니다."(집회 24,18)

묵상

"하느님은 사랑이십니다."(1요한 4,16)

"하느님께서는 이렇게 당신의 모습으로 사람을 창조하셨다."(창세 1,27)

이 말씀대로라면 우리 마음속에도 자애와 용서의 샘이 숨겨져 있을 것입니다. 그렇지만 너무도 깊숙한 곳에 묻혀 있어, 이 샘에서 물을 퍼 올리기란 쉽지 않습니다. 다른 이들과 갈등을 겪게 되었을 때에도 가느다란 물줄기만 겨우 흘러나올 뿐입니다. 우리는 오히려 친한 이들에게 증오와 반감, 악의 같은 감정을 쉽게 가집니다. 그러나 증오는 더 큰 증오를 불러일으킬 뿐이고, 서로 평화롭게 지낼 수 없게 합니다. 오늘은 이를 깊이 묵상하여 성모님이 카나에서 예수님께 청하셨던 것처럼 증오의 물을 사랑의 포도주로 바꾸어 주시길 전구합시다.

회심을 위한 실천 노력

"너희는 원수를 사랑하여라. 그리고 너희를 박해하는 자들을 위하여 기도하여라."(마태 5,44)

마음속에서 다른 이들을 용서하는 것부터 시작합시다. 어쩌면 이들은 나 자신일지도 모릅니다. 우리는 어느 순간 스스로의 모습에 혐오감을 느끼기도 하니 말입니다. 이것이 힘들다면 적어도 주님께 이렇게 청하십시오.

"주님, 아직 그들을 용서하는 것이 힘듭니다. 그러나 그들에 대한 저의 증오가 제 자신을 마비시키지 않도록 도와주십시오. 주님의 선하심으로 그들을 용서해 주시고, 제가 하지 못한 선행을 베풀어 주소서."

9일 기도 기도문

오, 아름다운 사랑의 어머니, 가시를 빼내시는 분이시여. 상처 입고 고통받는 저희를 돌아보소서. 모든 희망의 문이 닫혀 버린 저희를 어여삐 여기소서. 저희는 신음하고 눈물 흘리며 어머니께 왔나이다. 저희를 불쌍히 여기소서. 저희에게 커다란 고통을 주는 증오의 가시를 보소서. 예수님께서는 어머니의 말씀은 무엇이든 들어주시고자 하시오니, 저희를 위한 구원과 평화의 은총을 당신 아드님께 청해 주소서.

어머니를 본받아, 어머니와 함께, 어머니 안에

서 예수님을 저희 자신보다 더 사랑하고자 하오니 주님의 뜻이 이루어지도록 저희를 돌봐 주소서. 아멘.

성모 호칭 기도

○ 주님, 자비를 베푸소서.
● 주님, 자비를 베푸소서.
○ 그리스도님, 자비를 베푸소서.
● 그리스도님, 자비를 베푸소서.
○ 주님, 자비를 베푸소서.
● 주님, 자비를 베푸소서.
○ 그리스도님, 저희의 기도를 들으소서.
● 그리스도님, 저희의 기도를 들으소서.
○ 그리스도님, 저희의 기도를 들어주소서.

● 그리스도님, 저희의 기도를 들어주소서.

○ 하늘에 계신 천주 성부님

● 자비를 베푸소서.

(다음은 같은 후렴)

○ 세상을 구원하신 천주 성자님

　천주 성령님

　삼위일체이신 하느님

○ 성모 마리아님

● 저희를 위하여 빌어 주소서.

(다음은 같은 후렴)

○ 천주의 성모님

　지극히 거룩하신 동정녀

　그리스도의 어머니

　교회의 어머니

　천상 은총의 어머니

지극히 깨끗하신 어머니

순결하신 어머니

평생 동정이신 어머니

티 없으신 어머니

사랑하올 어머니

탄복하올 어머니

슬기로우신 어머니

창조주의 어머니

구세주의 어머니

지극히 지혜로우신 동정녀

공경하올 동정녀

찬송하올 동정녀

든든한 힘이신 동정녀

인자하신 동정녀

성실하신 동정녀

정의의 거울

상지의 옥좌

즐거움의 샘

신비로운 그릇

존경하올 그릇

지극한 사랑의 그릇

신비로운 장미

다윗의 망대

상아 탑

황금 궁전

계약의 궤

하늘의 문

샛별

병자의 치유

죄인의 피신처

근심하는 이의 위안

신자들의 도움

저희 삶의 모든 가시를 빼내시는 성모님

천사의 모후

성조의 모후

예언자의 모후

사도의 모후

순교자의 모후

증거자의 모후

동정녀의 모후

모든 성인의 모후

원죄 없이 잉태되신 모후

하늘에 올림을 받으신 모후

묵주 기도의 모후

가정의 모후

평화의 모후

○ 하느님의 어린양,

　세상의 죄를 없애시는 주님

● 저희를 용서하소서.

○ 하느님의 어린양,

　세상의 죄를 없애시는 주님

● 저희의 기도를 들어주소서.

○ 하느님의 어린양,

　세상의 죄를 없애시는 주님

● 자비를 베푸소서.

○ 천주의 성모님, 저희를 위하여 빌어 주시어

● 그리스도께서 약속하신

　영원한 생명을 얻게 하소서.

+ 기도합시다.

주 예수님, 예수님께서는
"이어서 그 제자에게 '이분이
네 어머니시다.'"(요한 19,27)라고 말씀하시며
저희에게 주님의 어머니를
보내 주셨나이다.
주님이 보내 주신 어머니께서는
평화와 위안이시오니,
저희가 성모님의 전구로 주님의 품 안에서
따스하게 지낼 수 있도록 돌보아 주시고,
성모님과 함께 성교회 안에서
영원한 행복을 누리게 하소서.
◎ 아멘.

묵주 기도 5단을 바친다

(각 요일에 해당하는 신비)

영광송

영광이 성부와 성자와 성령께
처음과 같이
이제와 항상 영원히.
아멘.

둘째 날

불신의 가시

오늘의 지향

오, 성모님, 지극한 믿음을 지니신 동정녀시여. 제 마음속에 있는 하느님과 이웃을 향한 불신의 가시를 모두 빼낼 수 있도록 저희를 도와주소서! 아멘.

성경의 가르침

"행복하십니다, 주님께서 하신 말씀이 이루어지리라고 믿으신 분!"(루카 1,45)

묵상

분명 "하느님은 빛"(1요한 1,5)이십니다. 그러나 지상에 있는 우리의 눈으로는 "다가갈 수 없을"(1티모 6,16 참조) 정도로 환한 하느님의 빛을 쉽게 볼 수 없습니다. 그 빛은 오직 믿음의 눈으로만 보아야 하기 때문입니다. 그러나 믿음을 지키기란 쉽지 않으며, 누구나 가끔 믿음이 흐려지는 순간이 찾아옵니다.

아기 예수의 데레사 성녀도 이렇게 고백했습니다. "물질주의적인 사고방식이 제 정신을 차지했습니다. '선한 하느님'께서 하늘나라는 없다고 믿게 하시려는 듯했습니다."

'하느님은 과연 계시는 걸까? 그분의 사랑은 정말 존재하는 것일까?' 가슴을 에는 듯한 이런 의심이 끊이지 않고 우리를 괴롭힙니다. 이러한 의심은 지극히 인간적인 영역으로 번집니다. 바로 배우자, 부모님, 친구의 사랑을 의심하게 되는 것입니다. 이 불신의 가시를 성모님께 의탁합시다. 성모님께서는 골고타 언덕에서 예수님의 죽음을 지켜보셨던 그 순간에도, 무덤에 묻힌 그분의 죽음 앞에서도 언제나 믿음을 간직하셨습니다.

회심을 위한 실천 노력

한 아버지가 벙어리 영에 들려 고통받는 아들을 예수님께 데려왔습니다. 그는 병마의 고통 속에 있는 아들을 치유해 주시길 간청하며, 자신의 나약한 믿음을 고백했습니다. "저는 믿습니다. 믿음이 없는 저를 도와주십시오."(마르 9,24)

이 고백은 나약한 믿음을 오로지 주님께 봉헌해야 한다는 것과, 그분을 향한 항구한 믿음만이 우리를 구원할 수 있음을 일깨워 줍니다.

  아기 예수의 데레사 성녀도 신덕송을 바치며 영적인 눈을 흐리게 하는 의심과 싸우고자 노력했습니다. 또한 성녀는 "저는 믿고 싶은 것을 노래할 따름입니다."라고 말하였습니다. 이처럼 믿고 싶은 바를 기도드리며, 우리 마음이 의심과 불안의 파도에 잠식되지 않도록 성모님께 전구합시다.

9일 기도 기도문

  오, 지극한 믿음을 지니신 동정녀, 가시를 빼내시는 분이시여. 상처 입고 고통받는 저희를 돌아보소서. 모든 희망의 문이 닫혀 버린 저희를 어여삐 여기소서. 저희는 신음하고 눈물 흘리며 어머니께 왔나이다. 저희를 불쌍히 여기소서. 저희에게 커다란 고통을 주는 불신의 가시를 보소서. 예수님께서는 어머니의 말씀은 무엇이든 들어주시고자 하시오니, 저희를 위한 구원과 평화의 은총을 당신 아드님께 청해 주소서.

 어머니를 본받아, 어머니와 함께, 어머니 안에서 예수님을 저희 자신보다 더 사랑하고자 하오니 주님의 뜻이 이루어지도록 저희를 돌봐 주소서. 아멘.

성모 호칭 기도

◯ 주님, 자비를 베푸소서.

- ● 주님, 자비를 베푸소서.
- ○ 그리스도님, 자비를 베푸소서.
- ● 그리스도님, 자비를 베푸소서.
- ○ 주님, 자비를 베푸소서.
- ● 주님, 자비를 베푸소서.
- ○ 그리스도님, 저희의 기도를 들으소서.
- ● 그리스도님, 저희의 기도를 들으소서.
- ○ 그리스도님, 저희의 기도를 들어주소서.
- ● 그리스도님, 저희의 기도를 들어주소서.
- ○ 하늘에 계신 천주 성부님
- ● 자비를 베푸소서.

  (다음은 같은 후렴)

- ○ 세상을 구원하신 천주 성자님

  천주 성령님

  삼위일체이신 하느님

○ 성모 마리아님
● 저희를 위하여 빌어 주소서.

(다음은 같은 후렴)

○ 천주의 성모님

지극히 거룩하신 동정녀

그리스도의 어머니

교회의 어머니

천상 은총의 어머니

지극히 깨끗하신 어머니

순결하신 어머니

평생 동정이신 어머니

티 없으신 어머니

사랑하올 어머니

탄복하올 어머니

슬기로우신 어머니

창조주의 어머니

구세주의 어머니

지극히 지혜로우신 동정녀

공경하올 동정녀

찬송하올 동정녀

든든한 힘이신 동정녀

인자하신 동정녀

성실하신 동정녀

정의의 거울

상지의 옥좌

즐거움의 샘

신비로운 그릇

존경하올 그릇

지극한 사랑의 그릇

신비로운 장미

다윗의 망대

상아 탑

황금 궁전

계약의 궤

하늘의 문

샛별

병자의 치유

죄인의 피신처

근심하는 이의 위안

신자들의 도움

저희 삶의 모든 가시를 빼내시는 성모님

천사의 모후

성조의 모후

예언자의 모후

사도의 모후

순교자의 모후

증거자의 모후

동정녀의 모후

모든 성인의 모후

원죄 없이 잉태되신 모후

하늘에 올림을 받으신 모후

묵주 기도의 모후

가정의 모후

평화의 모후

○ 하느님의 어린양,

　세상의 죄를 없애시는 주님

● 저희를 용서하소서.

○ 하느님의 어린양,

　세상의 죄를 없애시는 주님

● 저희의 기도를 들어주소서.

○ 하느님의 어린양,

　세상의 죄를 없애시는 주님

● 자비를 베푸소서.

○ 천주의 성모님, 저희를 위하여 빌어 주시어

● 그리스도께서 약속하신

　영원한 생명을 얻게 하소서.

+ 기도합시다.

　주 예수님, 예수님께서는

　"이어서 그 제자에게 '이분이

　네 어머니시다.'"(요한 19,27)라고 말씀하시며

　저희에게 주님의 어머니를

　보내 주셨나이다.

　주님이 보내 주신 어머니께서는

　평화와 위안이시오니,

저희가 성모님의 전구로 주님의 품 안에서
따스하게 지낼 수 있도록 돌보아 주시고,
성모님과 함께 성교회 안에서
영원한 행복을 누리게 하소서.
◎ 아멘.

묵주 기도 5단을 바친다

(각 요일에 해당하는 신비)

영광송

영광이 성부와 성자와 성령께
처음과 같이
이제와 항상 영원히.
아멘.

셋째 날

절망의 가시

오늘의 지향

오, 성모님, 희망의 어머니시여.
제 마음속에 있는 하느님과 이웃을 향한 절망의 가시를 모두 **빼낼** 수 있도록 저희를 도와주소서! 아멘.

성경의 가르침

"예수님의 십자가 곁에는 그분의 어머니와 이모, 클로파스의 아내 마리아와 마리아 막달레나가 서 있었다."(요한 19,25)

묵상

신앙과 사랑이 식고, 일상이 권태감으로 물들어 가면 꿈조차 악몽으로 변합니다. 그렇게 되면 나 자신과 하느님과의 관계를 포함한 모든 것에 절망하게 됩니다. 이 위험한 가시를 성모님께 어서 빨리 위탁합시다.

성모님께서는 카나의 혼인 잔치에서 아드님께 애덕을 베풀기를 청하셨지만, "여인이시여, 저에게 무엇을 바라십니까? 아직 저의 때가 오지 않았습니다."(요한 2,4) 라는 답을 들으셨습니다.

그러나 희망을 지니시고 성령에 힘입어 다시 간청하십니다. "무엇이든지 그가 시키는 대로 하여라."(요한 2,4-5) 이렇게 성모님께서는 물이 포도주로 변하는 기적을 얻어 내셨습니다.

회심을 위한 실천 노력

아기 예수의 데레사 성녀는 욥처럼 "그분께서 나를 죽이려 하신다면 나는 가망이 없네."(욥 13,15)라고 되뇌며, 절망의 유혹과 싸우려고 노력했습니다. 그 결과, 성녀는 지극히 온당한 사실을 확인하고 이렇게 말했습니다.

"제가 맹목적으로 하는 일은 희망하는 것뿐입니다."

9일 기도 기도문

오, 희망의 어머니, 가시를 빼내시는 분이시여. 상처 입고 고통받는 저희를 돌아보소서. 모든 희망의 문이 닫혀 버린 저희를 어여삐 여기소서. 저희는 신음하고 눈물 흘리며 어머니께 왔나이다. 저희를 불쌍히 여기소서. 저희에게 커다란 고통을 주는 절망의 가시를 보소서. 예수님께서는 어머니의 말씀은 무엇이든 들어주시고자 하시오니, 저희를 위한 구원과 평화의 은총을 당신 아드님께 청해 주소서.

어머니를 본받아, 어머니와 함께, 어머니 안에서 예수님을 저희 자신보다 더 사랑하고자 하오니 주님의 뜻이 이루어지도록 저희를 돌봐 주소서. 아멘.

성모 호칭 기도

○ 주님, 자비를 베푸소서.
● 주님, 자비를 베푸소서.

○ 그리스도님, 자비를 베푸소서.

● 그리스도님, 자비를 베푸소서.

○ 주님, 자비를 베푸소서.

● 주님, 자비를 베푸소서.

○ 그리스도님, 저희의 기도를 들으소서.

● 그리스도님, 저희의 기도를 들으소서.

○ 그리스도님, 저희의 기도를 들어주소서.

● 그리스도님, 저희의 기도를 들어주소서.

○ 하늘에 계신 천주 성부님

● 자비를 베푸소서.

(다음은 같은 후렴)

○ 세상을 구원하신 천주 성자님

　천주 성령님

　삼위일체이신 하느님

○ 성모 마리아님

● 저희를 위하여 빌어 주소서.

(다음은 같은 후렴)

○ 천주의 성모님

　지극히 거룩하신 동정녀

　그리스도의 어머니

　교회의 어머니

　천상 은총의 어머니

　지극히 깨끗하신 어머니

　순결하신 어머니

　평생 동정이신 어머니

　티 없으신 어머니

　사랑하올 어머니

　탄복하올 어머니

　슬기로우신 어머니

　창조주의 어머니

구세주의 어머니

지극히 지혜로우신 동정녀

공경하올 동정녀

찬송하올 동정녀

든든한 힘이신 동정녀

인자하신 동정녀

성실하신 동정녀

정의의 거울

상지의 옥좌

즐거움의 샘

신비로운 그릇

존경하올 그릇

지극한 사랑의 그릇

신비로운 장미

다윗의 망대

상아 탑

황금 궁전

계약의 궤

하늘의 문

샛별

병자의 치유

죄인의 피신처

근심하는 이의 위안

신자들의 도움

저희 삶의 모든 가시를 빼내시는 성모님

천사의 모후

성조의 모후

예언자의 모후

사도의 모후

순교자의 모후

증거자의 모후

동정녀의 모후

모든 성인의 모후

원죄 없이 잉태되신 모후

하늘에 올림을 받으신 모후

묵주 기도의 모후

가정의 모후

평화의 모후

○ 하느님의 어린양,

  세상의 죄를 없애시는 주님

● 저희를 용서하소서.

○ 하느님의 어린양,

  세상의 죄를 없애시는 주님

● 저희의 기도를 들어주소서.

○ 하느님의 어린양,

세상의 죄를 없애시는 주님
● 자비를 베푸소서.
○ 천주의 성모님, 저희를 위하여 빌어 주시어
● 그리스도께서 약속하신

　　　영원한 생명을 얻게 하소서.

+ 기도합시다.

　　　주 예수님, 예수님께서는

　　　"이어서 그 제자에게 '이분이

　　　네 어머니시다.'"(요한 19,27)라고 말씀하시며

　　　저희에게 주님의 어머니를

　　　보내 주셨나이다.

　　　주님이 보내 주신 어머니께서는

　　　평화와 위안이시오니,

　　　저희가 성모님의 전구로 주님의 품 안에서

따스하게 지낼 수 있도록 돌보아 주시고,
성모님과 함께 성교회 안에서
영원한 행복을 누리게 하소서.
◎ 아멘.

묵주 기도 5단을 바친다

(각 요일에 해당하는 신비)

영광송

영광이 성부와 성자와 성령께
처음과 같이
이제와 항상 영원히.
아멘.

넷째 날

—

교만의 가시

오늘의 지향

오, 성모님, 지극히 겸손하신 동정녀시여.
제 마음속에 있는 하느님과 이웃을 향한 교만의 가시를 모두 빼낼 수 있도록 저희를 도와주소서! 아멘.

성경의 가르침

"내 마음이 나의 구원자 하느님 안에서 기뻐 뛰니 그분께서 당신 종의 비천함을 굽어보셨기 때문입니다."(루카 1,47-48)

묵상

성모님께서는 자신을 찾아온 가브리엘 천사에게 응답하시며, 스스로 "주님의 종"(루카 1,38)이라고 하셨습니다. 예수님께서도 "나는 마음이 온유하고 겸손하니"(마태 11,29)라고 하시며, "나는 섬기는 사람으로"(루카 22,27) 사람들 가운데에 있다고 하십니다.

겸손한 영혼은 자신의 선행을 드러내 보이지 않습니다. 자신의 선행을 부인하는 것이 아니라, 그 공을 오로지 하느님께 돌리는 것입니다.

그러나 교만한 영혼은 타인에게 어떠한 도움도 받지 않으려고 합니다. 그는 자신의 장점과 선행을 오로지 본인의 공으로 돌립니다. 흔히 타고난 능력이 뛰어날수록 고개를 숙일 줄 모릅니다. 또한 마치 제왕 같은 태도로 타인을 대합니다. 자신을 지나치게 과대평가하고 남에게 위압적인 사람일수록 타인을 밟고 올라야 할 무의미한 계단으로 여깁니다. 그러나 이러한 교만의 가시는 남은 물론 나 자신도 심각하게 망가뜨립니다. 하느님의 사랑을 깨닫고 나의 잘못에 주의를 기울이며, 약자를 섬기기 위해 스스로를 낮추십시오. 이것이 이 가시를 빼내는 유일한 방법입니다.

회심을 위한 실천 노력

겸손은 스스로를 있는 그대로 인정하고 다른 이들을 사랑하며 섬기는 용기입니다. 그러나 이런 용기를 내지 못할 때가 많습니다. 이런 모습을 깨닫고 반성하기 위해, 적어도 일주일에 한

번씩 규칙적으로 나의 모습을 성찰해 보도록 합시다. 또한 내 주변에 있는 교만한 이를 그의 수호천사에게 의탁하십시오. 주님의 겸손한 종이신 성모님께 상처 입은 그의 영혼을 돌보아 주시고, 또한 교만해지기 쉬운 나 자신도 보호해 주시길 전구합시다.

9일 기도 기도문

오, 지극히 겸손하신 동정녀, 가시를 빼내시는 분이시여. 상처 입고 고통받는 저희를 돌아보소서. 모든 희망의 문이 닫혀 버린 저희를 어여삐 여기소서. 저희는 신음하고 눈물 흘리며 어머니께 왔나이다. 저희를 불쌍히 여기소서. 저희에게 커다란 고통을 주는 교만의 가시를 보소서. 예수님께서는 어머니의 말씀은 무엇이든 들어주시고자 하시오니, 저희를 위한 구원과 평화의 은총을 당신 아드님께 청해 주소서.

 어머니를 본받아, 어머니와 함께, 어머니 안에서 예수님을 저희 자신보다 더 사랑하고자 하오니 주님의 뜻이 이루어지도록 저희를 돌봐 주소서. 아멘.

성모 호칭 기도

○ 주님, 자비를 베푸소서.

● 주님, 자비를 베푸소서.

○ 그리스도님, 자비를 베푸소서.

● 그리스도님, 자비를 베푸소서.

○ 주님, 자비를 베푸소서.

- ● 주님, 자비를 베푸소서.
- ○ 그리스도님, 저희의 기도를 들으소서.
- ● 그리스도님, 저희의 기도를 들으소서.
- ○ 그리스도님, 저희의 기도를 들어주소서.
- ● 그리스도님, 저희의 기도를 들어주소서.
- ○ 하늘에 계신 천주 성부님
- ● 자비를 베푸소서.

  (다음은 같은 후렴)

- ○ 세상을 구원하신 천주 성자님

  천주 성령님

  삼위일체이신 하느님
- ○ 성모 마리아님
- ● 저희를 위하여 빌어 주소서.

  (다음은 같은 후렴)

- ○ 천주의 성모님

지극히 거룩하신 동정녀

그리스도의 어머니

교회의 어머니

천상 은총의 어머니

지극히 깨끗하신 어머니

순결하신 어머니

평생 동정이신 어머니

티 없으신 어머니

사랑하올 어머니

탄복하올 어머니

슬기로우신 어머니

창조주의 어머니

구세주의 어머니

지극히 지혜로우신 동정녀

공경하올 동정녀

찬송하올 동정녀

든든한 힘이신 동정녀

인자하신 동정녀

성실하신 동정녀

정의의 거울

상지의 옥좌

즐거움의 샘

신비로운 그릇

존경하올 그릇

지극한 사랑의 그릇

신비로운 장미

다윗의 망대

상아 탑

황금 궁전

계약의 궤

하늘의 문

샛별

병자의 치유

죄인의 피신처

근심하는 이의 위안

신자들의 도움

저희 삶의 모든 가시를 빼내시는 성모님

천사의 모후

성조의 모후

예언자의 모후

사도의 모후

순교자의 모후

증거자의 모후

동정녀의 모후

모든 성인의 모후

원죄 없이 잉태되신 모후

하늘에 올림을 받으신 모후

묵주 기도의 모후

가정의 모후

평화의 모후

○ 하느님의 어린양,

　세상의 죄를 없애시는 주님

● 저희를 용서하소서.

○ 하느님의 어린양,

　세상의 죄를 없애시는 주님

● 저희의 기도를 들어주소서.

○ 하느님의 어린양,

　세상의 죄를 없애시는 주님

● 자비를 베푸소서.

○ 천주의 성모님, 저희를 위하여 빌어 주시어

● 그리스도께서 약속하신
  영원한 생명을 얻게 하소서.

+ 기도합시다.
  주 예수님, 예수님께서는
  "이어서 그 제자에게 '이분이
  네 어머니시다.'"(요한 19,27)라고 말씀하시며
  저희에게 주님의 어머니를
  보내 주셨나이다.
  주님이 보내 주신 어머니께서는
  평화와 위안이시오니,
  저희가 성모님의 전구로 주님의 품 안에서
  따스하게 지낼 수 있도록 돌보아 주시고,
  성모님과 함께 성교회 안에서
  영원한 행복을 누리게 하소서.

◎ 아멘.

묵주 기도 5단을 바친다

(각 요일에 해당하는 신비)

영광송

영광이 성부와 성자와 성령께
처음과 같이
이제와 항상 영원히.
아멘.

다섯째 날

거짓의 가시

오늘의 지향

오, 성모님, 성령의 성전이시여.
제 마음속에 있는 하느님과 이웃, 그리고 제 자신을 향한 거짓의 가시를 모두 빼낼 수 있도록 저희를 도와주소서! 아멘.

성경의 가르침

"나는 내 모든 자녀들에게, 그분께 말씀을 받은 이들에게 영원한 것들을 준다."(집회 24,18)

"천사가 마리아에게 대답하였다. '성령께서 너에게 내려오시고 지극히 높으신 분의 힘이 너를 덮을 것이다.'"(루카 1,35)

묵상

예수님은 악마를 "거짓의 아비"(요한 8,44)라고 하시며, 상습적으로 거짓을 말하는 이는 자신도 모르게 그 영향 아래 있다고 하셨습니다. 거짓은 교만과 손을 잡아 진정성 있고 책임이 따르는 모든 인간관계를 심각하게 파괴합니다. 모든 것이 거짓이 되거나 사실을 비껴가므로 오래되고 진실한 관계를 더는 맺을 수 없습니다.

거짓은 성령을 달아나게 하고, 영혼을 영적인 부도덕함 속으로 교묘하게 빠트립니다. 거짓을 말하는 이는 마치 다른 자기장에 좌우되어 엉뚱한 방향을 가리키는 나침반과 같습니다. 그렇게 되면 그의 양심은 잘못된 방향을 가리킵니다. 잘못 잡힌 옷의 주름이 단번에 펴지지 않듯, 거짓의 가시도 쉽게 빠지지 않습니다. 이를 없애기 위해서는 많은 노력과 인내가 필요합니다. 내적 고행과 침묵 수행, 묵주 기도와 묵상이 큰 도움이 됩니다. 겸허히 기도드리며 성령의 성전이신 성모님께 거짓의 가시를 빼내 주시길 전구합시다. 진리의 영의 계시를 충직히 따른다면 성모님께서는 우리를 항상 도와주실 것입니다.

회심을 위한 실천 노력

거짓은 큰 피해를 일으킬 수 있는 영적인 병균입니다. 거짓말보다는 침묵이 더 낫습니다. 그럴싸해 보이지만 거짓인 말보다는, 어눌하지만 진실된 말이 더 낫습니다. 나도 모르게 거짓말을 한다는 것을 깨달았다면, 다른 이들에 대한 존중

심과 애덕을 지니고 진실한 방향으로 말할 수 있도록 항상 노력합시다.

9일 기도 기도문

오, 성령의 성전이신 성모님, 가시를 **빼내시는** 분이시여. 상처 입고 고통받는 저희를 돌아보소서. 모든 희망의 문이 닫혀 버린 저희를 어여삐 여기소서. 저희는 신음하고 눈물 흘리며 어머니께 왔나이다. 저희를 불쌍히 여기소서. 저희에게 커다란 고통을 주는 거짓의 가시를 보소서. 예수님께서는 어머니의 말씀은 무엇이든 들어주시고자 하시오니, 저희를 위한 구원과 평화의 은총을 당신 아드님께 청해 주소서.

어머니를 본받아, 어머니와 함께, 어머니 안에

서 예수님을 저희 자신보다 더 사랑하고자 하오니 주님의 뜻이 이루어지도록 저희를 돌봐 주소서. 아멘.

성모 호칭 기도

○ 주님, 자비를 베푸소서.
● 주님, 자비를 베푸소서.
○ 그리스도님, 자비를 베푸소서.
● 그리스도님, 자비를 베푸소서.
○ 주님, 자비를 베푸소서.
● 주님, 자비를 베푸소서.
○ 그리스도님, 저희의 기도를 들으소서.
● 그리스도님, 저희의 기도를 들으소서.
○ 그리스도님, 저희의 기도를 들어주소서.

- 그리스도님, 저희의 기도를 들어주소서.
- 하늘에 계신 천주 성부님
- 자비를 베푸소서.

    (다음은 같은 후렴)

- 세상을 구원하신 천주 성자님

    천주 성령님

    삼위일체이신 하느님
- 성모 마리아님
- 저희를 위하여 빌어 주소서.

    (다음은 같은 후렴)

- 천주의 성모님

    지극히 거룩하신 동정녀

    그리스도의 어머니

    교회의 어머니

    천상 은총의 어머니

지극히 깨끗하신 어머니

순결하신 어머니

평생 동정이신 어머니

티 없으신 어머니

사랑하올 어머니

탄복하올 어머니

슬기로우신 어머니

창조주의 어머니

구세주의 어머니

지극히 지혜로우신 동정녀

공경하올 동정녀

찬송하올 동정녀

든든한 힘이신 동정녀

인자하신 동정녀

성실하신 동정녀

정의의 거울

상지의 옥좌

즐거움의 샘

신비로운 그릇

존경하올 그릇

지극한 사랑의 그릇

신비로운 장미

다윗의 망대

상아 탑

황금 궁전

계약의 궤

하늘의 문

샛별

병자의 치유

죄인의 피신처

근심하는 이의 위안

신자들의 도움

저희 삶의 모든 가시를 빼내시는 성모님

천사의 모후

성조의 모후

예언자의 모후

사도의 모후

순교자의 모후

증거자의 모후

동정녀의 모후

모든 성인의 모후

원죄 없이 잉태되신 모후

하늘에 올림을 받으신 모후

묵주 기도의 모후

가정의 모후

평화의 모후

○ 하느님의 어린양,

　세상의 죄를 없애시는 주님

● 저희를 용서하소서.

○ 하느님의 어린양,

　세상의 죄를 없애시는 주님

● 저희의 기도를 들어주소서.

○ 하느님의 어린양,

　세상의 죄를 없애시는 주님

● 자비를 베푸소서.

○ 천주의 성모님, 저희를 위하여 빌어 주시어

● 그리스도께서 약속하신

　영원한 생명을 얻게 하소서.

+ 기도합시다.

주 예수님, 예수님께서는
"이어서 그 제자에게 '이분이
네 어머니시다.'"(요한 19,27)라고 말씀하시며
저희에게 주님의 어머니를
보내 주셨나이다.
주님이 보내 주신 어머니께서는
평화와 위안이시오니,
저희가 성모님의 전구로 주님의 품 안에서
따스하게 지낼 수 있도록 돌보아 주시고,
성모님과 함께 성교회 안에서
영원한 행복을 누리게 하소서.
◎ 아멘.

묵주 기도 5단을 바친다

(각 요일에 해당하는 신비)

영광송

영광이 성부와 성자와 성령께
처음과 같이
이제와 항상 영원히.
아멘.

여섯째 날

이기심의 가시

오늘의 지향

오, 성모님, 한없이 자애로우신 동정녀시여.
제 자신과 다른 사람들 마음속에 있는 이기심의 가시를 모두 **빼낼** 수 있도록 저희를 도와주소서! 아멘.

성경의 가르침

"보라, 나는 나만을 위해서가 아니라 지혜를 찾는 모든 이를 위해 애썼다는 것을 알아라."(집회 24,34)

"예수님의 어머니가 예수님께 '포도주가 없구나.' 하였다."(요한 2,3)

묵상

이기적인 사람은 오로지 자신만의 이익만을 추구할 뿐, 이웃이나 하느님의 이익은 생각하지 않습니다. 바오로 사도는 마지막 때가 오면 다음과 같이 될 것이라 예고했습니다.

"사람들은 자신과 돈만 사랑하고 …… 겉으로는 신심이 있는 체하여도 신심의 힘은 부정할 것입니다."(2티모 3,2.5)

사실 이런 사람들이 타인에게 관심을 갖는 이유는 최대한의 이익을 끌어내기 위해서입니다. 이기적인 사람은 오직 자기 자신만을 섬기는 사람일 뿐입니다. 그들은 스스로의 안위만을 걱정하며 자신이 마치 태양과도 같다고 여깁니다. 모든 행성들은 태양을 섬기기 위해 그 주위를 돌아야 하니까요. 이 세상은 영원보다는 순간을, 기쁨보다는 쾌락을 중시합니다. 또한 재물을 올바로 나누기보다 독점하고자 합니다. 이런 세상에서 이기심은 흔한 결점이자, 많은 사람들이 빠져 있는 결점이기도 합니다. 그러나 성모님께서는 우리의 생명에 진정으로 필요한 것을 알고 계십니다. 그리하여 우리를 다른 사람들과 하느님 앞에 겸허히 나아가도록 이끄십니다. 오늘은 이기심을 버리고, 자신을 지나치게 과대평가하는 것에서 벗어날 수 있기를 성모님께 전구합시다.

회심을 위한 실천 노력

이기심과 전면적으로 싸우는 것은 쉽지 않습니다. 이기심을 물리치는 가장 확실한 방법은 영적으로 첫눈에 반하는 것입니다. 이는 영적인 사랑에 빠지는 것을 말합니다. 자기애는 그보다 더 강하고, 온화하며 우리를 구원해 주는 사랑 앞에서 무릎을 꿇습니다. 예수님과 만나는 회심의 순간, 그 축복받은 순간이 바로 그때입니다. 오직 예수님만이 이렇게 말씀하실 수 있습니다.

"누구든지 내 뒤를 따라오려면, 자신을 버리고 날마다 제 십자가를 지고 나를 따라야 한다."(루카 9,23)

9일 기도 기도문

오, 한없이 자애로우신 동정녀, 가시를 빼내시는 분이시여. 상처 입고 고통받는 저희를 돌아보소서. 모든 희망의 문이 닫혀 버린 저희를 어여삐 여기소서. 저희는 신음하고 눈물 흘리며 어머니께 왔나이다. 저희를 불쌍히 여기소서. 저희에게 커다란 고통을 주는 이기심의 가시를 보소서. 예수님께서는 어머니의 말씀은 무엇이든 들어주시고자 하시오니, 저희를 위한 구원과 평화의 은총을 당신 아드님께 청해 주소서.

어머니를 본받아, 어머니와 함께, 어머니 안에서 예수님을 저희 자신보다 더 사랑하고자 하오니 주님의 뜻이 이루어지도록 저희를 돌봐 주소서. 아멘.

성모 호칭 기도

○ 주님, 자비를 베푸소서.
● 주님, 자비를 베푸소서.

◯ 그리스도님, 자비를 베푸소서.

● 그리스도님, 자비를 베푸소서.

◯ 주님, 자비를 베푸소서.

● 주님, 자비를 베푸소서.

◯ 그리스도님, 저희의 기도를 들으소서.

● 그리스도님, 저희의 기도를 들으소서.

◯ 그리스도님, 저희의 기도를 들어주소서.

● 그리스도님, 저희의 기도를 들어주소서.

◯ 하늘에 계신 천주 성부님

● 자비를 베푸소서.

(다음은 같은 후렴)

◯ 세상을 구원하신 천주 성자님

　천주 성령님

　삼위일체이신 하느님

◯ 성모 마리아님

● 저희를 위하여 빌어 주소서.

(다음은 같은 후렴)

○ 천주의 성모님

지극히 거룩하신 동정녀

그리스도의 어머니

교회의 어머니

천상 은총의 어머니

지극히 깨끗하신 어머니

순결하신 어머니

평생 동정이신 어머니

티 없으신 어머니

사랑하올 어머니

탄복하올 어머니

슬기로우신 어머니

창조주의 어머니

구세주의 어머니

지극히 지혜로우신 동정녀

공경하올 동정녀

찬송하올 동정녀

든든한 힘이신 동정녀

인자하신 동정녀

성실하신 동정녀

정의의 거울

상지의 옥좌

즐거움의 샘

신비로운 그릇

존경하올 그릇

지극한 사랑의 그릇

신비로운 장미

다윗의 망대

상아 탑

황금 궁전

계약의 궤

하늘의 문

샛별

병자의 치유

죄인의 피신처

근심하는 이의 위안

신자들의 도움

저희 삶의 모든 가시를 빼내시는 성모님

천사의 모후

성조의 모후

예언자의 모후

사도의 모후

순교자의 모후

증거자의 모후

동정녀의 모후

모든 성인의 모후

원죄 없이 잉태되신 모후

하늘에 올림을 받으신 모후

묵주 기도의 모후

가정의 모후

평화의 모후

○ 하느님의 어린양,

　세상의 죄를 없애시는 주님

● 저희를 용서하소서.

○ 하느님의 어린양,

　세상의 죄를 없애시는 주님

● 저희의 기도를 들어주소서.

○ 하느님의 어린양,

세상의 죄를 없애시는 주님
● 자비를 베푸소서.
○ 천주의 성모님, 저희를 위하여 빌어 주시어
● 그리스도께서 약속하신
　　영원한 생명을 얻게 하소서.

+ 기도합시다.
　　주 예수님, 예수님께서는
　　"이어서 그 제자에게 '이분이
　　네 어머니시다.'"(요한 19,27)라고 말씀하시며
　　저희에게 주님의 어머니를
　　보내 주셨나이다.
　　주님이 보내 주신 어머니께서는
　　평화와 위안이시오니,
　　저희가 성모님의 전구로 주님의 품 안에서

따스하게 지낼 수 있도록 돌보아 주시고,
성모님과 함께 성교회 안에서
영원한 행복을 누리게 하소서.
◎ 아멘.

묵주 기도 5단을 바친다

(각 요일에 해당하는 신비)

영광송

영광이 성부와 성자와 성령께
처음과 같이
이제와 항상 영원히.
아멘.

일곱째 날

—

유혹의 가시

오늘의 지향

오, 성모님, 억압받은 이들의 변호자시여.
제 마음속에 있는 유혹의 가시를 모두 빼낼 수 있도록 저희를 도와주소서! 아멘.

성경의 가르침

"자기 연인에게 몸을 기댄 채 광야에서 올라오는 저 여인은 누구인가? …… 달처럼 아름다우며 해처럼 빛나고 …… 군대처럼 두려움을 자아내는 저 여인은 누구인가?"(아가 8,5;6,10)

"내 주님의 어머니께서 저에게 오시다니 어찌 된 일입니까?"(루카 1,43)

묵상

예수님은 광야 한 가운데서 악마의 유혹과 맞닥뜨리셨으나, 그 모든 유혹을 물리치셨습니다. 오늘날 우리는 마약, 술, 담배를 비롯한 돈, 성, 명예에도 깊이 빠집니다. 이런 것에 빠져 스스로 사고하고 행동할 수 있는 의지력을 잃었다면, 마치 전장에 나선 것처럼 용기와 지식을 발휘해야 합니다. 하느님은 우리 몸이 상하는 건 원치 않으십니다. 그분은 우리가 의지를 보이기를 바라실 뿐, 금욕주의로 단련하길 원하시진 않습니다. 참으로 온유하시고 전능하신 성령께 우리 스스로를 아낌없이 바치기를 바라시는 것입니다.

회심을 위한 실천 노력

유혹의 달콤함에 깊이 빠져 벗어날 수 없을 때, 예수님께서 제자들에게 하신 이 말씀을 떠올려 봅시다.

"사람에게는 불가능한 것이라도 하느님께는 가능하다."(루카 18,27)

베드로의 귓가에 "오너라."라는 주님의 음성이 들렸고, 눈앞에는 검푸른 어둠과 센 물살이 이는 호수가 보였습니다. 호수 위를 걸어가는 것은 인간적으로 불가능한 일이지만 그는 용기를 내어 자신을 부르신 주님을 향해 물 위로 발을 내디뎠습니다. 그런데 갑자기 거센 바람이 그를 휘감았고, 두려움을 느끼고 만 베드로는 물속에 빠지고 맙니다. 그 순간, 그의 시선이 더 이상 주님께 향하지 않았기 때문입니다(마태 14,30 참조).

믿음은 두려움과 유혹 앞에 마치 모래성처럼 무너져 내리기도 합니다. 그러나 아무리 불가능해 보이는 것도 굳은 믿음을 지니고 그분을 바라볼 때에는 가능합니다. 예수님과 함께 수많은 두려움과 유혹을 이겨 낼 굳은 믿음을 지녔다면 어떠한 거센 물살 위도 건너갈 수 있을 것입니다.

9일 기도 기도문

오, 억압받은 이들의 변호자 성모님, 가시를 빼내시는 분이시여. 상처 입고 고통받는 저희를 돌아보소서. 모든 희망의 문이 닫혀 버린 저희를 어여삐 여기소서. 저희는 신음하고 눈물 흘리며 어머니께 왔나이다. 저희를 불쌍히 여기소서. 저희에게 커다란 고통을 주는 유혹의 가시를 보소서. 예수님께서는 어머니의 말씀은 무엇이든 들어주시고자 하시오니, 저희를 위한 구원과 평화의 은총을 당신 아드님께 청해 주소서.

　어머니를 본받아, 어머니와 함께, 어머니 안에서 예수님을 저희 자신보다 더 사랑하고자 하오니 주님의 뜻이 이루어지도록 저희를 돌봐 주소서. 아멘.

성모 호칭 기도

○ 주님, 자비를 베푸소서.
● 주님, 자비를 베푸소서.
○ 그리스도님, 자비를 베푸소서.
● 그리스도님, 자비를 베푸소서.

◯ 주님, 자비를 베푸소서.

● 주님, 자비를 베푸소서.

◯ 그리스도님, 저희의 기도를 들으소서.

● 그리스도님, 저희의 기도를 들으소서.

◯ 그리스도님, 저희의 기도를 들어주소서.

● 그리스도님, 저희의 기도를 들어주소서.

◯ 하늘에 계신 천주 성부님

● 자비를 베푸소서.

(다음은 같은 후렴)

◯ 세상을 구원하신 천주 성자님

천주 성령님

삼위일체이신 하느님

◯ 성모 마리아님

● 저희를 위하여 빌어 주소서.

(다음은 같은 후렴)

일곱째 날: 유혹의 가시

○ 천주의 성모님

　지극히 거룩하신 동정녀

　그리스도의 어머니

　교회의 어머니

　천상 은총의 어머니

　지극히 깨끗하신 어머니

　순결하신 어머니

　평생 동정이신 어머니

　티 없으신 어머니

　사랑하올 어머니

　탄복하올 어머니

　슬기로우신 어머니

　창조주의 어머니

　구세주의 어머니

　지극히 지혜로우신 동정녀

공경하올 동정녀

찬송하올 동정녀

든든한 힘이신 동정녀

인자하신 동정녀

성실하신 동정녀

정의의 거울

상지의 옥좌

즐거움의 샘

신비로운 그릇

존경하올 그릇

지극한 사랑의 그릇

신비로운 장미

다윗의 망대

상아 탑

황금 궁전

계약의 궤

하늘의 문

샛별

병자의 치유

죄인의 피신처

근심하는 이의 위안

신자들의 도움

저희 삶의 모든 가시를 빼내시는 성모님

천사의 모후

성조의 모후

예언자의 모후

사도의 모후

순교자의 모후

증거자의 모후

동정녀의 모후

모든 성인의 모후

원죄 없이 잉태되신 모후

하늘에 올림을 받으신 모후

묵주 기도의 모후

가정의 모후

평화의 모후

○ 하느님의 어린양,

　세상의 죄를 없애시는 주님

● 저희를 용서하소서.

○ 하느님의 어린양,

　세상의 죄를 없애시는 주님

● 저희의 기도를 들어주소서.

○ 하느님의 어린양,

　세상의 죄를 없애시는 주님

● 자비를 베푸소서.

○ 천주의 성모님, 저희를 위하여 빌어 주시어
● 그리스도께서 약속하신
영원한 생명을 얻게 하소서.

+ 기도합시다.
주 예수님, 예수님께서는
"이어서 그 제자에게 '이분이
네 어머니시다.'"(요한 19,27)라고 말씀하시며
저희에게 주님의 어머니를
보내 주셨나이다.
주님이 보내 주신 어머니께서는
평화와 위안이시오니,
저희가 성모님의 전구로 주님의 품 안에서
따스하게 지낼 수 있도록 돌보아 주시고,
성모님과 함께 성교회 안에서

영원한 행복을 누리게 하소서.
◎ 아멘.

묵주 기도 5단을 바친다

(각 요일에 해당하는 신비)

영광송

영광이 성부와 성자와 성령께

처음과 같이

이제와 항상 영원히.

아멘.

여덟째 날

불화의 가시

오늘의 지향

오, 평화의 성모님.
제 마음속에 있는 하느님과 이웃, 그리고 저 자신과의 관계에 불화를 일으키는 가시를 모두 빼낼 수 있도록 저희를 도와주소서! 아멘.

성경의 가르침

"용은 자기가 땅으로 떨어진 것을 알고, 그 사내아이를 낳은 여인을 쫓아갔습니다. 그러나 그 여인에게 큰 독수리의 두 날개가 주어졌습니다. 그리하여 그 여인은 광야에 있는 자기 처소로 날아가, 그 뱀을 피하여 그곳에서 일 년과 이 년과 반 년 동안 보살핌을 받았습니다."(묵시 12,13-14)

"그들은 모두, 여러 여자와 예수님의 어머니 마리아와 그분의 형제들과 함께 한마음으로 기도에 전념하였다."(사도 1,14)

"내 평화를 너희에게 준다. 내가 주는 평화는 세상이 주는 평화와 같지 않다."(요한 14,27)

묵상

주님의 영과 함께 사는 이는 고통 속에서도 마음의 평화를 얻습니다. 그러나 신성한 영 바깥에 사는 이는 여러 가지 걱정과 불안에 쉽게 사로잡혀 주변 사람들과 심각한 갈등을 빚습니다. 하느님과 일치하지 못했기에, 자신의 생각과 어긋난 방향으로 끌려간다고 느끼기도 합니다. 그리고 내면 안에서도 큰 혼란을 겪습니다.

"하느님의 나라는 …… 성령 안에서 누리는 의로움과 평화와 기쁨입니다."(로마 14,17)

우리는 모든 능력을 하느님께 내어 드려야 합니다. 그러면 나머지는 덤으로 주실 것입니다. 영생의 창가에 서서 "평화의 군왕"(이사 9,5)의 눈으로 주의 깊게 바라보십시오. 어떠한 혼란 안에서도 담담해질 수 있을 것입니다.

평화의 군왕이신 예수님께서는 제자들에게 "너희는 원수를 사랑하여라. 너희를 미워하는 자들에게 잘해 주고, 너희를 저주하는 자들에게 축복하며, 너희를 학대하는 자들을 위하여 기도하여라."(루카 6,27-28)라고 권고하셨습니다.

예수님과 성모님처럼 타인을 존중하며, 그들을 애덕의 마음으로 품어 주도록 합시다. 하느님의 평화가 우리 안에 머무를 것입니다.

회심을 위한 실천 노력

배우자, 부모님, 자식, 직장 상사와 동료, 이웃과의 관계를 좀먹는 불화의 가시를 빼내려면 어떻게 해야 할까요? 아시시의 프란치스코 성인과 프란치스코 살레시오 성인이 실천했던 방법을 살펴봅시다. 두 성인은 '화해'의 성인입니다. 그들은 '수도회의 평온'을 유지하기 위해 인내하면서도 애덕의 대화를 끊임없이 나누었습니다. 그리고 희생하며 기도했습니다. 그들은 여기에 약간의 유머와 미소를 더했는데, '슬픈 성인들이야말로 한심한 성인들'이기 때문입니다.

1858년 루르드에 발현하신 성모님도 말씀보다

는 미소를 더 많이 지으셨습니다. 시끄럽고 난폭한 이 세상에서 성모님의 본보기는 정말로 유익할 것입니다!

9일 기도 기도문

 오, 평화의 성모님, 가시를 빼내시는 분이시여. 상처 입고 고통받는 저희를 돌아보소서. 모든 희망의 문이 닫혀 버린 저희를 어여삐 여기소서. 저희는 신음하고 눈물 흘리며 어머니께 왔나이다. 저희를 불쌍히 여기소서. 저희에게 커다란 고통을 주는 불화의 가시를 보소서. 예수님께서는 어머니의 말씀은 무엇이든 들어주시고자 하시오니, 저희를 위한 구원과 평화의 은총을 당신 아드님께 청해 주소서.

어머니를 본받아, 어머니와 함께, 어머니 안에서 예수님을 저희 자신보다 더 사랑하고자 하오니 주님의 뜻이 이루어지도록 저희를 돌봐 주소서. 아멘.

성모 호칭 기도

○ 주님, 자비를 베푸소서.
● 주님, 자비를 베푸소서.
○ 그리스도님, 자비를 베푸소서.
● 그리스도님, 자비를 베푸소서.
○ 주님, 자비를 베푸소서.
● 주님, 자비를 베푸소서.
○ 그리스도님, 저희의 기도를 들으소서.
● 그리스도님, 저희의 기도를 들으소서.

○ 그리스도님, 저희의 기도를 들어주소서.

● 그리스도님, 저희의 기도를 들어주소서.

○ 하늘에 계신 천주 성부님

● 자비를 베푸소서.

  (다음은 같은 후렴)

○ 세상을 구원하신 천주 성자님

  천주 성령님

  삼위일체이신 하느님

○ 성모 마리아님

● 저희를 위하여 빌어 주소서.

  (다음은 같은 후렴)

○ 천주의 성모님

  지극히 거룩하신 동정녀

  그리스도의 어머니

  교회의 어머니

천상 은총의 어머니

지극히 깨끗하신 어머니

순결하신 어머니

평생 동정이신 어머니

티 없으신 어머니

사랑하올 어머니

탄복하올 어머니

슬기로우신 어머니

창조주의 어머니

구세주의 어머니

지극히 지혜로우신 동정녀

공경하올 동정녀

찬송하올 동정녀

든든한 힘이신 동정녀

인자하신 동정녀

성실하신 동정녀

정의의 거울

상지의 옥좌

즐거움의 샘

신비로운 그릇

존경하올 그릇

지극한 사랑의 그릇

신비로운 장미

다윗의 망대

상아 탑

황금 궁전

계약의 궤

하늘의 문

샛별

병자의 치유

죄인의 피신처

근심하는 이의 위안

신자들의 도움

저희 삶의 모든 가시를 빼내시는 성모님

천사의 모후

성조의 모후

예언자의 모후

사도의 모후

순교자의 모후

증거자의 모후

동정녀의 모후

모든 성인의 모후

원죄 없이 잉태되신 모후

하늘에 올림을 받으신 모후

묵주 기도의 모후

가정의 모후

평화의 모후

○ 하느님의 어린양,

　세상의 죄를 없애시는 주님

● 저희를 용서하소서.

○ 하느님의 어린양,

　세상의 죄를 없애시는 주님

● 저희의 기도를 들어주소서.

○ 하느님의 어린양,

　세상의 죄를 없애시는 주님

● 자비를 베푸소서.

○ 천주의 성모님, 저희를 위하여 빌어 주시어

● 그리스도께서 약속하신

　영원한 생명을 얻게 하소서.

+ 기도합시다.

주 예수님, 예수님께서는
"이어서 그 제자에게 '이분이
네 어머니시다.'"(요한 19,27)라고 말씀하시며
저희에게 주님의 어머니를
보내 주셨나이다.
주님이 보내 주신 어머니께서는
평화와 위안이시오니,
저희가 성모님의 전구로 주님의 품 안에서
따스하게 지낼 수 있도록 돌보아 주시고,
성모님과 함께 성교회 안에서
영원한 행복을 누리게 하소서.

◎ 아멘.

묵주 기도 5단을 바친다

(각 요일에 해당하는 신비)

영광송

영광이 성부와 성자와 성령께
처음과 같이
이제와 항상 영원히.
아멘.

아홉째 날

악의 가시

오늘의 지향

오, 천사의 모후이시여.
제 자신과 이웃의 마음속에 박혀 악의 침입을 일으키는 가시를 모두 빼낼 수 있도록 저희를 도와주소서! 아멘.

성경의 가르침

"나는 너와 그 여자 사이에, 네 후손과 그 여자의 후손 사이에 적개심을 일으키니 여자의 후손은 너의 머리에 상처를 입히고 너는 그의 발꿈치에 상처를 입히리라."(창세 3,15)

"그러자 용은 여인 때문에 분개하여, 여인의 나

머지 후손들, 곧 하느님의 계명을 지키고 예수님의 증언을 간직하고 있는 이들과 싸우려고 그곳을 떠나갔습니다."(묵시 12,17)

묵상

우리 마음을 파고들며 자극하는 것들이 사람의 손으로 만든 것도 있지만 그렇지 않은 것도 있습니다. 그 가운데에는 악령이 작용한 부분도 있기 때문입니다. 바오로 사도는 분명히 예고합니다.

"우리의 전투 상대는 인간이 아니라, …… 하늘에 있는 악령들입니다."(에페 6,12)

성경과 주님의 기도에도 나오는 이 진실을 잊지 마십시오. 그렇다면 복음의 말씀을 이해하고 인간사를 알아가는 데 필요한 중대한 진리를 저

버리는 것입니다.

동정 마리아께서도 가타리나 라부레 성녀 앞에 발현하시어 이 진리를 암시하셨습니다. 성녀는 성모님의 발밑에 있는 큰 뱀이 위협적으로 움직이며 발뒤꿈치를 물려는 것을 보고 몹시 놀랐습니다(창세 3,15;묵시 12,9 참조).

그러나 두려워하지 마십시오. 사람의 어머니께서는 모든 천사의 어머니이시기도 하므로, 어둠의 영도 고개를 숙입니다. 그분께서는 지극히 높으신 분의 권능으로 살아 있는 "계약 궤"(묵시 11,19)로서 자리 잡고 계십니다.

회심을 위한 실천 노력

묵주 기도를 드릴 때, 주님의 기도를 천천히 바

치며 마지막 구절인 "악에서 구하소서."를 강조해 봅시다. 또한 정말로 신중하게 판단하여, 영적으로 나쁜 영향을 받고 있는 것 같은 이들을 위한 지향을 두고 미사를 드립시다. 또한 건강을 해치지 않는 한에서 속죄의 노력도 병행합시다. 왜냐하면 나쁜 영들 중에서도 어떤 영은 "기도와 단식이 아니면"(마태 17,21;마르 9,29) 내쫓을 수 없기 때문입니다.

9일 기도 기도문

오, 천사들의 모후, 가시를 빼내시는 분이시여. 상처 입고 고통받는 저희를 돌아보소서. 모든 희망의 문이 닫혀 버린 저희를 어여삐 여기소서. 저희는 신음하고 눈물 흘리며 어머니께 왔나이다. 저희를 불쌍히 여기소서. 저희에게 커다란 고통을 주는 악의 가시를 보소서. 예수님께서는 어머니의 말씀은 무엇이든 들어주시고자 하시오니, 저희를 위한 구원과 평화의 은총을 당신 아드님께 청해 주소서.

어머니를 본받아, 어머니와 함께, 어머니 안에서 예수님을 저희 자신보다 더 사랑하고자 하오니 주님의 뜻이 이루어지도록 저희를 돌봐 주소서. 아멘.

성모 호칭 기도

○ 주님, 자비를 베푸소서.
● 주님, 자비를 베푸소서.
○ 그리스도님, 자비를 베푸소서.

- ● 그리스도님, 자비를 베푸소서.
- ○ 주님, 자비를 베푸소서.
- ● 주님, 자비를 베푸소서.
- ○ 그리스도님, 저희의 기도를 들으소서.
- ● 그리스도님, 저희의 기도를 들으소서.
- ○ 그리스도님, 저희의 기도를 들어주소서.
- ● 그리스도님, 저희의 기도를 들어주소서.
- ○ 하늘에 계신 천주 성부님
- ● 자비를 베푸소서.

    (다음은 같은 후렴)

- ○ 세상을 구원하신 천주 성자님

    천주 성령님

    삼위일체이신 하느님

- ○ 성모 마리아님
- ● 저희를 위하여 빌어 주소서.

(다음은 같은 후렴)

○ 천주의 성모님

　지극히 거룩하신 동정녀

　그리스도의 어머니

　교회의 어머니

　천상 은총의 어머니

　지극히 깨끗하신 어머니

　순결하신 어머니

　평생 동정이신 어머니

　티 없으신 어머니

　사랑하올 어머니

　탄복하올 어머니

　슬기로우신 어머니

　창조주의 어머니

　구세주의 어머니

지극히 지혜로우신 동정녀

공경하올 동정녀

찬송하올 동정녀

든든한 힘이신 동정녀

인자하신 동정녀

성실하신 동정녀

정의의 거울

상지의 옥좌

즐거움의 샘

신비로운 그릇

존경하올 그릇

지극한 사랑의 그릇

신비로운 장미

다윗의 망대

상아 탑

황금 궁전

계약의 궤

하늘의 문

샛별

병자의 치유

죄인의 피신처

근심하는 이의 위안

신자들의 도움

저희 삶의 모든 가시를 빼내시는 성모님

천사의 모후

성조의 모후

예언자의 모후

사도의 모후

순교자의 모후

증거자의 모후

동정녀의 모후

모든 성인의 모후

원죄 없이 잉태되신 모후

하늘에 올림을 받으신 모후

묵주 기도의 모후

가정의 모후

평화의 모후

○ 하느님의 어린양,

  세상의 죄를 없애시는 주님

● 저희를 용서하소서.

○ 하느님의 어린양,

  세상의 죄를 없애시는 주님

● 저희의 기도를 들어주소서.

○ 하느님의 어린양,

  세상의 죄를 없애시는 주님

● 자비를 베푸소서.
○ 천주의 성모님, 저희를 위하여 빌어 주시어
● 그리스도께서 약속하신
영원한 생명을 얻게 하소서.

+ 기도합시다.
주 예수님, 예수님께서는
"이어서 그 제자에게 '이분이
네 어머니시다.'"(요한 19,27)라고 말씀하시며
저희에게 주님의 어머니를
보내 주셨나이다.
주님이 보내 주신 어머니께서는
평화와 위안이시오니,
저희가 성모님의 전구로 주님의 품 안에서
따스하게 지낼 수 있도록 돌보아 주시고,

성모님과 함께 성교회 안에서
영원한 행복을 누리게 하소서.
◎ 아멘.

묵주 기도 5단을 바친다

(각 요일에 해당하는 신비)

영광송

영광이 성부와 성자와 성령께
처음과 같이
이제와 항상 영원히.
아멘.

◆ ◆ ◆

9일 기도를 마치며 하느님과 성모님께 우리의 감사함을 더 표현하고자 무릎을 꿇거나 고개를 숙이고, 부록에 있는 감사의 찬미가를 바칠 수 있습니다.

맺음말

  이 책은 간절한 기도를 드리는 길, 혹은 하느님의 섭리에 내맡기는 길로서 활용하는 것이 바람직합니다. 이 기도를 드리는 사람의 내면이 어떤 상태인지 또 얼마나 하느님 뜻에 일치하기를 바라는지는 고려하지 않고, 단순히 효험 있는 영적 처방집으로 여겨서는 안 될 것입니다. 더욱이 그 자체로 효력을 발휘하는 마법 같은 책으로 보아서도 안 됩니다.

  아기 예수의 데레사 성녀도 9일 기도를 바쳤지만 기도가 이루어지지 않는 고통스러운 상황을 겪었습니다. 성녀는 이렇게 이야기했습니다. "제 기도를 들어 주시지 않더라도, 저는 성인들에게 자주 기도를 드립니다."

아기 예수의 데레사 성녀가 그랬던 것처럼 믿음, 순박함, 사랑을 지니고 하느님께 나아가십시오. 또한 하느님께 이렇게 말씀드립시다.

"저는 제가 바라는 것을 얻을 자격이 전혀 없음을 잘 압니다. 하지만 저의 하느님, 보잘 것 없는 걸인이 구걸을 하듯 당신께 손을 내밉니다. 당신은 참으로 자애로운 분이므로 제 기도를 온전히 들어 주실 거라고 저는 확신합니다."

하느님께서 내가 바라는 바를 정확히 이루어 주시지 않았다면, 우리가 아드님의 십자가 곁에 좀 더 가까이 머물기를 원하시는 것입니다. 그곳은 가장 위대한 사랑이 있는 유일한 곳이자 모든 시대의 인류가 구원받은 곳입니다.

통상기도문

성호경

그리스도인은 기도를 시작하고 마칠 때 몸에 십자 성호를 긋습니다. 성호경은 손으로 긋는데, 12세기까지는 성삼위에 경의를 표하는 뜻에서 앞에 세 손가락만을 펼쳤습니다. 성호경은 이마를 짚으면서 시작하여, 가슴을 짚고, 마지막으로 양 어깨를 짚습니다. 이때 왼쪽 어깨 그리고 오른쪽 어깨 순으로 짚고, 성호경을 그으면서는 이렇게 말합니다.

성부와 성자와 성령의 이름으로 아멘.

성호경은 신앙을 나타내는 간소하지만 중요한 행위로, 손을 성수에 담근 후에 바칠 수도 있습니다. 교부들은 그리스도 수난에 두 가지 의미가 있듯이 성호경에도 두 가지 의미가 있다고 하였습니다. 바로 하느님의 은총을 간청하는 것, 그리고 "사자처럼 누구를 삼킬까 하고 찾아 돌아다니는"(1베드 5,8) 악령을 쫓아내는 것입니다.

주님의 기도

하늘에 계신 우리 아버지,

아버지의 이름이 거룩히 빛나시며

아버지의 나라가 오시며

아버지의 뜻이 하늘에서와 같이

땅에서도 이루어지소서!

오늘 저희에게 일용할 양식을 주시고

저희에게 잘못한 이를 저희가 용서하오니

저희 죄를 용서하시고

저희를 유혹에 빠지지 않게 하시고

악에서 구하소서.

아멘.

통회기도

하느님,

제가 죄를 지어

참으로 사랑받으셔야 할 하느님의 마음을

아프게 하였기에

악을 저지르고 선을 멀리한 모든 잘못을

진심으로 뉘우치나이다.

하느님의 은총으로 속죄하고

다시는 죄를 짓지 않으며

죄지을 기회를 피하기로 굳게 다짐하오니
우리 구세주 예수 그리스도의
수난 공로를 보시고
저에게 자비를 베풀어 주소서.
아멘.

성모송

은총이 가득하신 마리아님, 기뻐하소서!
주님께서 함께 계시니 여인 중에 복되시며
태중의 아들 예수님 또한 복되시나이다.
천주의 성모 마리아님,
이제와 저희 죽을 때에
저희 죄인을 위하여 빌어 주소서.
아멘.

묵주 기도 5단 드리는 법

묵주 기도는 성호경을 그으며 시작합니다. 시작 기도로 사도신경, 주님의 기도 1번, 성모송 3번, 영광송 1번, 구원을 비는 기도 1번을 바칩니다. 그 후, 묵상 주제인 '환희의 신비', '빛의 신비', '고통의 신비', '영광의 신비' 중 하나를 요일이나 전례 시기에 맞추어 선택한 후, 신비 1단을 선포합니다. 현재 가톨릭에서는 묵주 기도를 크게 네 부분으로 나눕니다.

1. 환희의 신비
제1단 마리아께서 예수님을

　　　　　잉태하심을 묵상합시다.

제2단　마리아께서 엘리사벳을
　　　　　찾아보심을 묵상합시다.

제3단　마리아께서 예수님을
　　　　　낳으심을 묵상합시다.

제4단　마리아께서 예수님을
　　　　　성전에 바치심을 묵상합시다.

제5단　마리아께서 잃으셨던 예수님을
　　　　　성전에서 찾으심을 묵상합시다.

2. 빛의 신비

제1단　예수님께서 세례 받으심을
　　　　　묵상합시다.

제2단　예수님께서 카나에서 첫 기적을
　　　　　행하심을 묵상합시다.

제3단 예수님께서 하느님 나라를
　　　 선포하심을 묵상합시다.

제4단 예수님께서 거룩하게
　　　 변모하심을 묵상합시다.

제5단 예수님께서 성체성사를
　　　 세우심을 묵상합시다.

3. 고통의 신비

제1단 예수님께서 우리를 위하여
　　　 피땀 흘리심을 묵상합시다.

제2단 예수님께서 우리를 위하여
　　　 매 맞으심을 묵상합시다.

제3단 예수님께서 우리를 위하여
　　　 가시관 쓰심을 묵상합시다.

제4단 예수님께서 우리를 위하여

십자가 지심을 묵상합시다.

제5단 예수님께서 우리를 위하여 십자가에 못박혀 돌아가심을 묵상합시다.

4. 영광의 신비

제1단 예수님께서 부활하심을 묵상합시다.

제2단 예수님께서 승천하심을 묵상합시다.

제3단 예수님께서 성령을 보내심을 묵상합시다.

제4단 예수님께서 마리아를 하늘에 불러올리심을 묵상합시다.

제5단 예수님께서 마리아께 천상 모후의 관을 씌우심을 묵상합시다.

기도를 바치기 전에 교회의 지향이나 개인적

인 지향을 둘 수 있습니다. 그 뒤 주님의 기도 1번, 성모송 10번, 영광송 1번을 바칩니다. 매 단이 끝날 때마다 파티마의 성모님께서 알려 주신 구원을 비는 기도문을 바칩니다.

예수님, 저희 죄를 용서하시며,
저희를 지옥불에서 구하시고
연옥 영혼을 돌보시며
가장 버림받은 영혼을 돌보소서.
아멘.

묵주 기도의 마침기도로는 성모 찬송을 바칩니다. 이로써 예수님과 성모님의 삶을 묵상하는 이 영적 순례의 길이 마무리 됩니다.

○ 모후이시며 사랑이 넘친 어머니,
우리의 생명, 기쁨, 희망이시여,
● 당신 우러러 하와의 그 자손들이
눈물을 흘리며 부르짖나이다.
슬픔의 골짜기에서.
○ 우리들의 보호자 성모님,
불쌍한 저희를 인자로운 눈으로 굽어보소서.
● 귀양살이 끝날 때에 당신의 아들
우리 주 예수님 뵙게 하소서.
너그러우시고, 자애로우시며
오! 아름다우신 동정 마리아님.
○ 천주의 성모님, 저희를 위하여 빌어주시어
● 그리스도께서 약속하신
영원한 생명을 얻게 하소서.

+ 기도합시다.

　하느님, 외아드님께서 삶과 죽음과 부활로
　저희에게 영원한 구원을 마련해 주셨나이다.
　복되신 동정 마리아와 함께 이 신비를
　묵상하며 묵주 기도를 바치오니
　저희가 그 가르침을 따라
　영원한 생명을 얻게 하소서.
　우리 주 그리스도를 통하여 비나이다.
◎ 아멘.

감사의 찬미가

나와 함께, 주님의 피조물들아,
주님께 감사하여라!
영원히 그분을 찬송하고
드높이 찬양하여라!

나와 함께, 주님의 천사들아,
주님께 감사하여라!

나와 함께, 해와 달아,
주님께 감사하여라!

나와 함께, 하늘의 별들아,
주님께 감사하여라!

나와 함께, 밤과 낮들아,
주님께 감사하여라!

나와 함께, 땅에서 싹트는 것들아,
주님께 감사하여라!

나와 함께, 물에서 움직이는 모든 것들아,
주님께 감사하여라!

나와 함께, 하늘의 새들아,
주님께 감사하여라!

나와 함께, 들짐승과 집짐승들아,
주님께 감사하여라!

나와 함께, 모든 거룩한 이들과
지상의 의인들아,
주님께 감사하여라!

나와 함께, 사람들 가운데서도
모든 가난한 이들아,
주님께 감사하여라!
영원히 그분을 찬송하고 드높이 찬양하여라!
아멘, 알렐루야!

부록

성모님께
바치는 기도

성 베르나르도의 기도

지극히 인자하신 동정 마리아님,
생각하소서.
그 누구도 당신의 변호를 요청하고,
당신의 도움을 애원하며,
당신의 보호를 청하고도 버림받았다는 것을
세상에서 일찍이 들은 적이 없나이다.
저도 이같은 마음으로 당신께 달려드오니,
동정녀들 중의 동정녀이신 어머니,
당신께 나아가 죄인으로
눈물을 흘리며 엎드리나이다.

말씀의 어머니,

저의 기도를 못 들은 체 마옵시고

인자로이 들어 허락하소서.

마리아 봉헌 기도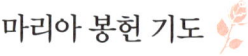

루도비코 마리아 그리뇽 성인

저는 오늘 당신을 택했습니다.
오, 마리아님,
하늘나라 궁전에
저의 어머니이자 여왕으로 계시는 분.
저는 모든 순명과 사랑으로
제 몸과 영혼을,
제 내면과 외면의 재산을,
과거의, 현재의, 미래의 제 선행의 가치를,
당신께 드리고 봉헌합니다.
당신이 크게 기뻐하시며

이제와 항상 영원히
하느님의 가장 큰 영광을 위해,
저 자신과, 제가 가진 모든 것을
빠짐없이
당신 뜻대로 하실 수 있도록
모든 권리를 당신께 드립니다.

그대로 이루어지소서.

옮긴이 **조연희**

한국외국어대학교 통번역대학원 한불과를 졸업하고, 전문 통번역사로 활동했다. 역서로는《거꾸로 자라는 나무》,《기적은 존재한다》가 있다.